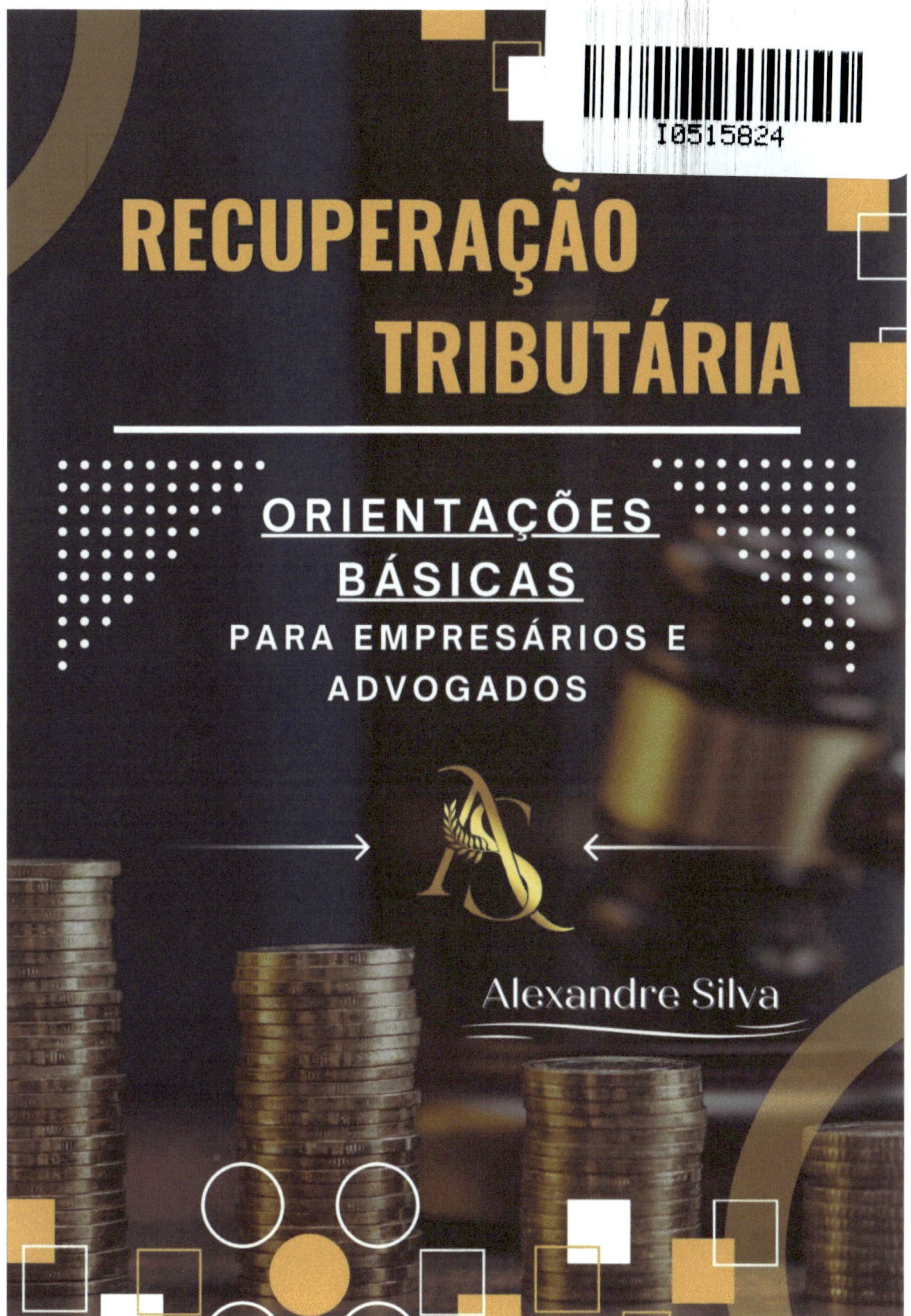

BOAS-VINDAS

É com grande prazer que lhe dou as boas-vindas a esta obra dedicada ao fascinante campo do Direito Tributário. Neste ebook, exploraremos todas as nuances da Recuperação Tributária, fornecendo uma visão abrangente e acessível para todos os interessados nesse nicho do Direito Tributário.

Ao mergulhar nas páginas deste ebook, você terá a oportunidade de adquirir um conhecimento essencial sobre os aspectos fundamentais da Recuperação de Crédito Tributário.

Acredito firmemente que o conhecimento é um poderoso instrumento de transformação, e estou comprometido em fornecer a você informações precisas, atualizadas e relevantes sobre a Recuperação Tributária. Espero que este ebook seja uma ferramenta útil e enriquecedora em sua jornada de aprendizado.

Aproveite ao máximo esta oportunidade e explore todas as seções deste ebook. Estou confiante de que ele será um recurso valioso e inspirador em sua jornada jurídica.

Desejo a você uma excelente leitura e uma experiência enriquecedora!

Alexandre Silva
OAB/PE: 58.289

Advogado Consultivo
Direito Empresarial
Direito Tributário
Pós-graduado em Direito Administrativo
MBA em Gestão Empresarial e Negócios.

Silva, Alexandre
  Recuperação tributária [livro eletrônico] : orientações básicas para empresários e advogados / Alexandre Silva. -- Recife, PE : Ed. do Autor, 2023.
  PDF

  Requisitos do sistema: Adobe Acrobat Reader
  Modo de acesso: World Wide Web
  ISBN 978-65-00-70608-6

  1. Direito tributário - Brasil 2. Falência - Brasil 3. Sociedades comerciais - Recuperação - Brasil I. Título.

23-158659   CDU-34:336.2

Índices para catálogo sistemático:

1. Recuperação tributária : Empresas : Direito tributário   34:336.2

Cibele Maria Dias - Bibliotecária - CRB-8/9427

1 – INTRODUÇÃO À RECUPERAÇÃO TRIBUTÁRIA

A recuperação tributária é um processo fundamental para empresas e indivíduos que buscam reduzir sua carga tributária de maneira legal e eficiente.

Este e-Book foi desenvolvido para fornecer os conhecimentos essenciais sobre o tema.

Exploraremos os conceitos básicos, as estratégias-chave e as melhores práticas para realizar uma recuperação tributária bem-sucedida. Prepare-se para adquirir as habilidades necessárias e maximizar os benefícios desse processo.

O que é Recuperação Tributária?

A recuperação tributária é um processo que consiste na revisão e no ajuste de obrigações fiscais, com o objetivo de reduzir a carga tributária de empresas e indivíduos de forma legal. Por meio desse processo, são identificados possíveis créditos fiscais, compensações, restituições e parcelamentos de débitos, além da revisão de cálculos e enquadramentos fiscais.

A recuperação tributária permite que contribuintes identifiquem erros ou pagamentos indevidos realizados aos órgãos fiscais e adotem medidas para regularizar sua situação, promovendo uma gestão mais eficiente dos impostos e garantindo a conformidade com as leis fiscais vigentes.

Por que a Recuperação Tributária é importante?

A recuperação tributária desempenha um papel fundamental para a saúde financeira e a sustentabilidade das organizações, permitindo que elas maximizem sua eficiência operacional e reduzam seus encargos fiscais de maneira adequada.

Benefícios da Recuperação Tributária

A recuperação tributária oferece diversos benefícios, como a redução da carga tributária, a maximização dos recursos financeiros disponíveis, a regularização de possíveis erros fiscais e o cumprimento das obrigações legais.

Além disso, contribui para a competitividade das empresas, o aumento da margem de lucro, a melhoria da gestão financeira e a garantia da conformidade fiscal. Por meio desse processo, é possível obter restituições, compensações, parcelamentos de débitos e revisões de cálculos, resultando em uma maior eficiência operacional e no fortalecimento da saúde financeira das organizações.

2- PRINCIPAIS TIPOS DE RECUPERAÇÃO TRIBUTÁRIA

Compensação de Tributos

Este tipo de recuperação tributária permite que um crédito de determinado tributo seja utilizado para compensar um débito de outro tributo. Isso significa que, se uma empresa possui um crédito acumulado de imposto, ela pode utilizar esse crédito para abater ou quitar um débito de outro imposto. Essa modalidade de recuperação tributária é importante para maximizar a utilização de créditos fiscais e reduzir o montante a pagar aos órgãos fiscais.

Restituição de Tributos

Essa modalidade ocorre quando um contribuinte solicita o ressarcimento de valores pagos indevidamente ou a maior aos órgãos fiscais. Pode acontecer quando há erro na base de cálculo, aplicação de alíquotas incorretas ou pagamento duplicado, por exemplo. A restituição de tributos é um mecanismo legal que permite ao contribuinte reaver os valores pagos indevidamente, contribuindo para a justiça fiscal e para a correção de equívocos na cobrança de impostos.

Parcelamento de Débitos

É uma forma de recuperação tributária que permite ao contribuinte o parcelamento de seus débitos fiscais em prestações mensais, facilitando o pagamento e evitando o acúmulo de juros e multas. É uma alternativa para empresas e indivíduos que estão com dificuldades financeiras momentâneas, mas desejam regularizar sua situação fiscal. O parcelamento de débitos é uma oportunidade de regularização e evitar medidas mais rigorosas por parte dos órgãos fiscais.

Revisão de Lançamento

Consiste em analisar a base de cálculo, alíquotas e demais aspectos de um lançamento fiscal realizado pelos órgãos fiscais. Essa modalidade de recuperação tributária tem o objetivo de identificar possíveis erros ou inconsistências na cobrança de impostos e buscar sua correção. Ao identificar falhas nos lançamentos fiscais, é possível contestá-los administrativamente ou judicialmente, buscando a redução do valor devido ou até mesmo a sua anulação.

Remissão de Dívidas

É uma forma de recuperação tributária que envolve o perdão parcial ou total dos débitos fiscais por parte dos órgãos fiscais. Essa medida pode ser adotada em situações específicas, como em casos de calamidade pública, insolvência ou outras circunstâncias que justifiquem a redução ou extinção da dívida. A remissão de dívidas permite ao contribuinte eliminar ou diminuir significativamente seus débitos fiscais, aliviando sua situação financeira e promovendo a regularização fiscal.

Compensação Cruzada

É uma forma de compensação entre tributos federais e estaduais. Nesse caso, a empresa ou pessoa física possui créditos em tributos estaduais e débitos em tributos federais, ou vice-versa. É possível utilizar os créditos de um tributo para abater os débitos de outro tributo.

Essa prática é possível quando há um acordo entre os órgãos fiscais e permite uma gestão mais eficiente dos créditos e débitos entre as empresas do mesmo grupo, evitando pagamentos desnecessários ou duplicados. A compensação cruzada contribui para a simplificação e agilidade dos processos de recuperação tributária, facilitando a regularização fiscal do grupo econômico como um todo.

3 - PASSO A PASSO PARA REALIZAR UMA RECUPERAÇÃO TRIBUTÁRIA

Levantamento e Análise dos Débitos

O levantamento e análise dos débitos envolvem o processo de identificação e avaliação minuciosa das obrigações fiscais não quitadas. Esse procedimento visa compreender a natureza, o valor e a situação atual dos débitos, permitindo uma visão completa da carga tributária da empresa ou indivíduo. Através do levantamento e análise dos débitos tributários, é possível tomar decisões estratégicas e definir a melhor abordagem para a recuperação tributária, seja por meio de compensação, parcelamento ou outras modalidades, visando a regularização e a otimização da situação fiscal.

Verificação da Viabilidade da Recuperação

Consiste em analisar as condições específicas do contribuinte e dos débitos tributários envolvidos. Essa etapa busca avaliar se a recuperação é viável do ponto de vista legal, financeiro e estratégico, considerando aspectos como prazos, valores, legislação aplicável e potenciais benefícios. É essencial realizar uma análise detalhada antes de iniciar o processo de recuperação tributária.

Elaboração da Documentação Necessária

Esta é uma etapa fundamental para a recuperação tributária. Nessa fase, são reunidos e preparados os documentos que comprovam a situação fiscal, os débitos existentes e as alegações ou solicitações feitas no processo de recuperação. Essa documentação pode incluir balanços, demonstrativos financeiros, declarações fiscais, notas fiscais, entre outros registros relevantes. Uma documentação completa e precisa é essencial para respaldar o pedido de recuperação tributária.

Protocolo do Pedido de Recuperação Tributária

Consiste em submeter formalmente a solicitação aos órgãos fiscais competentes. Esse processo pode variar de acordo com a legislação de cada país ou jurisdição, mas geralmente envolve o preenchimento de formulários específicos e a apresentação da documentação comprobatória. O protocolo marca o início do processo de recuperação tributária e é importante seguir os procedimentos corretos para garantir a validade e o andamento adequado do pedido.

Acompanhamento do Processo de Recuperação

O acompanhamento do processo de recuperação é uma etapa contínua e essencial. Envolve a verificação regular do status do pedido, o acompanhamento das análises e decisões dos órgãos fiscais, a resposta a eventuais solicitações adicionais e a adoção de medidas necessárias para dar continuidade ao processo. O acompanhamento permite ter visibilidade sobre o andamento da recuperação tributária, possibilitando ajustes, esclarecimentos e ações adequadas para obter o resultado desejado. É fundamental estar atento e proativo durante todo o processo de recuperação.

4 - ESTRATÉGIAS E DICAS PARA MAXIMIZAR A RECUPERAÇÃO TRIBUTÁRIA

Planejamento tributário

O planejamento tributário é uma estratégia fundamental para otimizar a carga tributária. Para um planejamento eficiente incluem conhecer a legislação fiscal vigente, identificar oportunidades de benefícios fiscais, avaliar diferentes formas de tributação e buscar a estruturação jurídica mais adequada. É importante considerar as particularidades do negócio e buscar o apoio de profissionais especializados para garantir a conformidade e maximizar os benefícios fiscais.

Análise de Créditos e Compensações

Realizar uma análise detalhada de créditos fiscais e possíveis compensações é uma estratégia valiosa. Dicas para isso incluem identificar corretamente os créditos a que a empresa tem direito, manter uma organização eficiente dos documentos comprobatórios, estar atento aos prazos e procedimentos para a compensação e buscar orientação especializada para garantir a correta utilização desses créditos e evitar problemas futuros.

Utilização de Regimes Especiais

Os regimes especiais oferecem oportunidades específicas para redução de impostos e simplificação de obrigações fiscais. Para aproveitar ao máximo esses regimes, é essencial conhecer as regras e requisitos aplicáveis, avaliar se a empresa se enquadra nos critérios e benefícios oferecidos.

Revisão de Cálculos e Enquadramentos Fiscais

Essa é uma estratégia importante para evitar erros e identificar oportunidades de otimização. Para isso é preciso manter atualizados os dados e informações relevantes, revisar periodicamente os procedimentos adotados, estar atento às mudanças na legislação fiscal. A revisão constante é fundamental para evitar problemas futuros e garantir a correta aplicação das normas fiscais.

5 - ASPECTOS JURÍDICOS DA RECUPERAÇÃO TRIBUTÁRIA

Consultoria e assessoria especializada

Aconsultoria e assessoria especializada são aspectos jurídicos fundamentais na recuperação tributária. Contar com profissionais especializados nessa área é essencial para obter orientação técnica, analisar a situação fiscal, identificar oportunidades legais e tomar as melhores decisões estratégicas. A consultoria e assessoria especializada ajudam a garantir a conformidade legal, otimizar os benefícios fiscais e lidar com questões complexas, assegurando que o processo de recuperação tributária seja conduzido de forma eficiente e segura.

Prazos e Procedimentos Legais

É fundamental estar ciente dos prazos estabelecidos pela legislação para cumprir as obrigações fiscais e realizar as ações necessárias dentro do tempo determinado. Além disso, é necessário compreender e seguir os procedimentos legais adequados para a apresentação de documentos, solicitação de benefícios fiscais, recursos administrativos e outras etapas do processo de recuperação. O conhecimento e o cumprimento dos prazos e procedimentos legais são essenciais para evitar problemas jurídicos, assegurar a conformidade com a legislação e obter os melhores resultados na recuperação tributária.

Recursos Administrativos e Judiciais

Os recursos administrativos e judiciais são aspectos jurídicos relevantes na recuperação tributária. Em casos de decisões fiscais desfavoráveis, é possível recorrer administrativamente, apresentando recursos junto aos órgãos competentes, buscando a revisão das decisões e defendendo os interesses do contribuinte. Além disso, quando necessário, pode-se recorrer ao âmbito judicial, buscando o amparo do Poder Judiciário para contestar decisões fiscais, obter a revisão de lançamentos e garantir a aplicação correta da legislação tributária. Os recursos administrativos e judiciais desempenham um papel importante na defesa dos direitos dos contribuintes e na busca por uma solução justa e equilibrada no processo de recuperação tributária.

Medidas Cautelares e Liminares

As medidas cautelares e liminares são aspectos jurídicos relevantes na recuperação tributária. Quando há urgência e necessidade de proteção imediata dos interesses do contribuinte, é possível solicitar medidas cautelares e liminares junto ao Poder Judiciário. Essas medidas visam evitar prejuízos irreparáveis, suspender a exigibilidade dos débitos fiscais ou garantir a continuidade das atividades empresariais durante o processo de recuperação tributária. As medidas cautelares e liminares são instrumentos importantes para assegurar a segurança jurídica, resguardar os direitos do contribuinte e garantir a efetividade do processo de recuperação tributária, quando necessário.

6 - CASOS PRÁTICOS DE RECUPERAÇÃO TRIBUTÁRIA

O estudo de casos reais na recuperação tributária é uma ferramenta poderosa que permite analisar soluções aplicadas em situações concretas e os resultados alcançados. Ao examinar casos reais, é possível identificar estratégias eficazes utilizadas por empresas para resolver questões fiscais, como recuperação de créditos, revisão de lançamentos e obtenção de benefícios fiscais.

Esses estudos fornecem insights valiosos sobre as práticas bem-sucedidas, os desafios enfrentados e as lições aprendidas. Com base nos casos práticos, é possível desenvolver abordagens personalizadas e adaptadas às necessidades específicas de cada empresa. A análise dos resultados obtidos nos casos reais serve como referência para avaliar o potencial impacto da recuperação tributária e orientar a busca por soluções efetivas.

7 - CONSIDERAÇÕES FINAIS

Importância da recuperação tributária para empresas

A recuperação tributária desempenha um papel fundamental para as empresas, pois permite a otimização dos recursos financeiros por meio da revisão e recuperação de créditos tributários, obtenção de benefícios fiscais e parcelamento de débitos. Além de aliviar a carga tributária, a recuperação tributária contribui para a saúde financeira das empresas, aumentando sua competitividade e capacidade de investimento. Ao recuperar recursos que antes estavam comprometidos com o pagamento de tributos indevidos, as empresas têm a oportunidade de direcionar esses valores para outras áreas, como inovação, expansão e desenvolvimento de novos projetos. Além disso, a recuperação tributária garante a conformidade com a legislação fiscal e reduz o risco de autuações e penalidades. Portanto, a recuperação tributária é de extrema importância para as empresas, pois proporciona vantagens financeiras significativas e contribui para sua sustentabilidade e crescimento no mercado.

Recomendações Finais

- ✓ **Busque orientação especializada:** Conte com profissionais experientes e especializados em recuperação tributária para garantir que todas as oportunidades sejam identificadas e aproveitadas de forma adequada.

- ✓ **Faça um levantamento minucioso:** Realize um levantamento detalhado de todos os tributos pagos, revisando as obrigações fiscais, identificando possíveis erros ou pagamentos indevidos, bem como verificando a aplicação correta de benefícios fiscais.
- ✓ **Esteja em conformidade com a legislação:** Assegure-se de cumprir todas as obrigações fiscais dentro dos prazos estabelecidos, evitando autuações e penalidades.
- ✓ **Analise os regimes especiais:** Avalie a possibilidade de utilizar regimes especiais de tributação que possam ser mais vantajosos para o seu negócio, como o Simples Nacional, Lucro Real ou Lucro Presumido.
- ✓ **Acompanhe as mudanças legislativas:** Mantenha-se atualizado em relação às mudanças na legislação tributária, a fim de aproveitar novas oportunidades de recuperação tributária e adaptar-se a novas obrigações fiscais.
- ✓ **Mantenha a documentação organizada:** Tenha todos os documentos e comprovantes necessários de forma organizada e atualizada, facilitando o acesso e a apresentação durante processos de recuperação tributária.
- ✓ **Esteja preparado para recursos e medidas judiciais:** Caso seja necessário, esteja preparado para recorrer administrativa ou judicialmente para contestar decisões fiscais desfavoráveis e garantir seus direitos.

Lembrando que cada caso é único, e é importante considerar as particularidades de cada empresa ao buscar a recuperação tributária. Seguindo essas recomendações, será possível identificar oportunidades, reduzir a carga tributária e fortalecer a saúde financeira da empresa.

Espero que este e-Book seja útil para orientar você sobre o processo de recuperação tributária. Lembre-se de que as leis e regulamentações tributárias podem variar de acordo com o país e a jurisdição, por isso é importante buscar aconselhamento profissional especializado para lidar com questões tributárias específicas.

BIBLIOGRAFIA

BRASIL. CONSTITUIÇÃO DA REPÚBLICA FEDERATIVA DO BRASIL DE 1988. CRFB, Brasília, DF, 5 Out 1988.

ALEXANDRE, Ricardo. **Direito tributário esquematizado**. 6. ed. Rio de Janeiro/São Paulo: Forense/Método, 2012.

BRASIL. Lei nº 5.172, de 25 de outubro de 1966. **Código Tributário Nacional (CTN)**, Brasília, DF, 23 Abr 2014.

SABBAG, Eduardo. **Manual de direito tributário**. 11ª ed. Rio de Janeiro/São Paulo: Saraiva Jur, 2019.

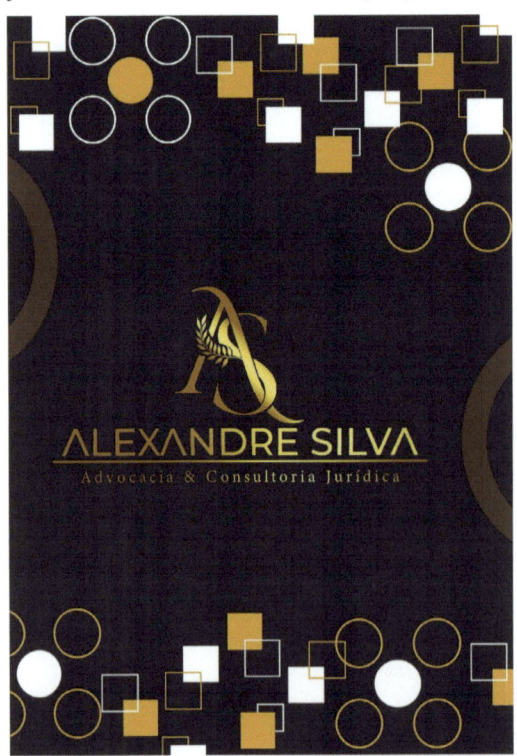

www.ingramcontent.com/pod-product-compliance
Lightning Source LLC
Chambersburg PA
CBHW041946240526
45473CB00033B/625